Cuentos de hadas clásicos con un giro

Cenicienta

Escrito por Shannon Anderson

Ilustrado por Gal Weizman

Traducción de Pablo de la Vega

Un Libro de la Sirena

SEAHORSE PUBLISHING

Había una vez una chica llamada Cenicienta. Vivía con su papá y su gato, Bert.

Vivían todos felices en una casita.

Jugaban juegos, pedían comida a domicilio y veían la televisión juntos cuando Ceni no estaba ocupada con sus proyectos y tareas de la universidad.

Con el paso del tiempo, el papá de Ceni empezó a tener citas en la noche en lugar de quedarse en casa.

Ceni extrañaba pasar tiempo con su papá, pero también tenía muchos amigos con quienes hacer cosas.

Un día, el papá de Ceni decidió casarse.

La nueva madrastra de Ceni tenía dos hijas. Sus nombres eran Lucía y Bea.

Esta mujer y sus hijas no eran amables con Cenicienta.

—Hay pelos de tu gato por todas partes —se quejaba Lucía.

—Lo siento —decía Ceni—. Puedo encerrar a Bert en mi cuarto.

—Tu teléfono siempre está sonando —decía Bea—. ¡Apágalo!

—Lo pondré en modo silencioso —respondía Ceni.

Ceni pasaba tiempo con Bert cuando estaba en casa. Pero lo que la hacía más feliz era pasar tiempo con su grupo de amigos en el campus de la universidad.

—Habrá una gran fiesta de gala este fin de semana —le dijo un día su mejor amiga, Josefina—. Es un baile formal para recaudar dinero para el comedor comunitario. El alcalde la está organizando. La banda de su hijo va a tocar.

—¡Tenemos que ir! —dijo Cenicienta

Cuando Ceni llegó a casa, comenzó a buscar en línea un vestido para la fiesta. Lucía y Bea espiaban sobre su hombro.

—¿Por qué buscas ropa como esa? —preguntó Lucía.

—Voy a ir con mis amigos a una fiesta de recaudación de fondos este fin de semana —respondió Ceni.

—¿Cuándo es? —preguntó Bea.

Como Cenicienta era una buena persona, mostró a sus hermanastras la invitación. Lucía se la arrebató.

Ceni ordenó un vestido, y Lucía y Bea hicieron lo mismo.

Dos días después, tres cajas llegaron a su puerta.

Las tres abrieron sus cajas y sacaron sus vestidos.

Cuando Lucía vio el suyo, sonrió.

Bea sacó el suyo y sonrió.

Pero cuando vieron el vestido de Cindi, abrieron los ojos tanto que parecían pelotas de ping-pong.

Era hermoso.

La noche de la fiesta, las tres chicas se alistaron para ir.

—Se ven hermosas —dijo Ceni

Lucía y Bea pusieron los ojos en blanco. Se fueron a la fiesta y ni siquiera ofrecieron llevarla con ellas.

Su papá y su madrastra estaban usando el otro auto, por lo que Ceni se tuvo que quedar.

Ceni llamó a Josefina, quien siempre la apoyaba. Josefina llegó en un instante. Ceni le dio a Bert un beso de despedida y salió.

En la fiesta de gala, todos miraban al joven y apuesto cantante, Bernardo. Lucía y Bea lo seguían a todos lados, como cachorritas.

Cuando la banda comenzó a tocar una melodía lenta, Bernardo vio a Cenicienta y le cantó a ella todo el tiempo que estuvo en el escenario. Se miraban fijamente.

Ceni se sentó junto a Bernardo el resto de la noche. Pasaron la noche más maravillosa y mágica de sus vidas.

Lucía y Bea los vieron celosas.

Lucía y Bea tomaron el bolso de Ceni y lo metieron debajo de una de las mesas.

—¡Ceni! —dijo Lucía—. ¡Llamó tu papá, dice que Bert está enfermo!

—¡Sí —dijo Bea—, más vale que vayas a casa y lo lleves de emergencia con el veterinario!

—¡Ay, no! Tengo que llamar a casa —dijo Ceni dando un grito ahogado. Pero Ceni no encontraba su bolso ni su teléfono.

—¡Me tengo que ir! —dijo.

Bernardo la vio irse deprisa en el auto con Josefina.

Cuando Ceni llegó a casa, descubrió que Bert ronroneaba, y esto la hizo feliz. No estaba enfermo.

Bernardo limpiaba después de la fiesta de gala cuando encontró el bolso de Ceni debajo de una mesa. Miro qué había dentro tratando de descubrir de quién era.

Encontró un teléfono con una fotografía de Ceni y de Bert. Bernardo abrió la aplicación de mapas y seleccionó «casa». Esto lo llevó directo a la casa de Ceni.

Ceni abrió la puerta y se le iluminó la cara con una gran sonrisa. Bernardo y Cenicienta se hicieron novios y luego se casaron. Ceni, Bernardo y Bert vivieron felices para siempre.

Escrito por Shannon Anderson
Traducción de Pablo de la Vega
Ilustrado por Gal Weizman
Diseño de Under the Oaks Media
Desarrollo de la serie de James Earley
Editora Erica Ellis
Coordinadora de producción: Candice Campbell

Library of Congress PCN Data
Cenicienta / Shannon Anderson
Cuentos de hadas clásicos con un giro
ISBN 979-8-8904-2573-7 (hard cover)
ISBN 979-8-8904-2847-9 (paperback)
ISBN 979-8-8904-2871-4 (EPUB)
ISBN 979-8-8904-2859-2 (eBook)
Library of Congress Control Number: 2024933137

Printed in the U.S.A./CP072026

Seahorse Publishing Company
www.seahorsepub.com

Published in the United States
Seahorse Publishing
PO Box 771325
Coral Springs, FL 33077

SEAHORSE PUBLISHING